DEUXIÈME LETTRE

A MONSIEUR

DE LAMARTINE

SUR SON PASSAGE DANS L'OPPOSITION

MONSIEUR ,

« L'avantage d'un état libre est que les revenus y sont mieux
« administrés; mais, lorsqu'ils le sont plus mal, l'avantage
« d'un état libre est qu'il n'y a point de favoris ; mais , quand
« cela n'est pas et qu'au lieu des amis et des parents du prince
« il faut faire la fortune des amis et des parents de tous ceux qui
« ont part au gouvernement, TOUT EST PERDU. » (Montesquieu,
De la grandeur et de la décadence des Romains , ch. 4.)

Sous les impressions de cette sentence , qui semble faite pour
caractériser l'époque où nous vivons , je viens acquitter l'en-
gagement que j'avais pris , et vous soumettre les bases du pro-
gramme que j'eusse désiré vous voir présenter; mais avant tout,
je dois vous remercier d'avoir adouci, par vos explications, les
aspérités de ma tache.

Inconstitutionel dans votre discours du 27 janvier, vous avez,
dans celui du 2 mars , mis le sceau à vos hérésies politiques en
vous écriant : « Ce qu'il faut , ce n'est pas que les ministères

« passent et se succèdent sur ces bancs en nous y rapportant les
« mêmes erreurs , les mêmes impuissances , les mêmes fautes ;
« non , il faut que le ministère tombe ! oui , le *système* change
« et tombe ! et , avec lui , les hommes qui seraient tentés de
« venir le personnifier de nouveau devant vous ! »

Ces paroles , qui sont la conclusion logique de votre discours
du 27 janvier , sont dues , je n'en saurais douter , à ce que ,
dans cette période du 27 janvier au 2 mars , vous n'avez entendu
que vos nouveaux amis et leurs dangereuses félicitations qui vous
avaient entretenu dans votre enivrement. Mais le 2 mars, d'autres
sons frappèrent votre oreille. M. le Ministre des affaires étran-
gères qui vous répondit , après avoir longtemps promené sur
votre tête le poids de vos déclamations téméraires, l'en détourna
par un trait d'habileté dont lui seul était capable. Fixant, sur le
système du pays , le vague de vos allégations contre le *système* ,
il vous releva , par cette généreuse interprétation, de la censure
constitutionnelle que vous aviez encourue , sans toutefois vous
absoudre de vos torts.

Par une coïncidence singulière , en sortant de cette séance
mémorable , vous trouvâtes chez vous ma lettre qui vous dé-
montrait si clairement l'inconstitutionnalité de vos allégations.

Frappé de représentations qui vous venaient de points si
divers, vous avez reconnu vos erreurs, et, en homme de cœur,
vous avez résolu de les réparer. En conséquence, vous vous êtes
rendu à la séance du lendemain 5 mars , et , après la lecture du
procès-verbal que vous avez impatiemment écoutée , vous élan-
çant à la tribune , vous y avez déclaré que vous préféreriez :
« mille fois tomber devant la Chambre plutôt que d'arracher à
« sa sphère d'inviolabilité cette majesté souveraine ! » à la suite
de cette interprétation de vos précédens discours , vous avez ré-
duit à la plus simple formule les graves accusations que vous
aviez articulées. Au lieu de persister à vouloir *que le ministère
et le système tombassent à la fois pour ne plus reparaître* , vous
vous êtes borné à dire que les Ministres n'avaient pas été *heureux*
dans leurs opérations.

Eh bien ! Monsieur, s'il est permis à l'homme de se tromper,
c'est lorsqu'il sait aussi noblement réparer sa faute. Pour ce qui
me concerne en combattant vos erreurs , je n'ai jamais douté

de la droiture de votre cœur , mais seulement de l'étendue et de la solidité de vos doctrines.

Ainsi donc oublions le passé ; oublions surtout cette parole imprudente que vous passiez dans l'opposition *pour toujours*, et, de ce grand débat , ne conservons dans notre souvenir que l'exacte définition par laquelle l'honorable M. Guizot l'a si glorieusement terminé.

« L'inviolabilité royale veut dire ceci : Le Roi ne peut mal
« faire ; aucun tort ne peut être attribué au Roi ; mais jamais
« l'inviolabilité royale n'a voulu dire que le Roi ne peut faire
« le bien ; jamais elle n'a voulu dire que la reconnaissance du
« pays ne peut monter jusqu'au Roi. Interdire au Roi le bien,
« parce qu'il est à l'abri du mal , ce n'est pas interpréter , c'est
« renverser notre constitution. »

Après ces explications que j'enregistre avec bonheur dans nos fastes constitutionnels, j'aborde mon sujet en vous prévenant que la citation que je pourrai faire de vos discours n'aura pas pour objet de les incriminer, mais uniquement d'en raisonner afin de nous entendre.

Vous avez reproché, le 27 janvier, au gouvernement de juillet de n'être pas sérieusement constitutionnel et populaire. Ce dernier mot est de trop à cause de la diversité de ses acceptions. D'ailleurs, c'est à la constitution qu'il appartient d'être plus ou moins populaire ; quant au gouvernement, il doit être constitutionnel sans plus. En disant qu'il ne l'était pas sérieusement, vous n'avez pas dit assez : vous deviez dire qu'il ne l'était pas du tout, et en donner immédiatement pour preuve votre propre discours.

Je vous ai déjà dit que les députés tenaient de la constitution trois attributions : qu'ils avaient le droit — de proposer des lois — de voter et discuter librement celles qui leur étaient proposées — et d'accuser les ministres. Dans l'exercice duquel de ces droits votre discours du 27 janvier se peut-il ranger ? Direz-vous que c'est dans le troisième ? mais non ; car loin d'accuser les ministres, vous avez essentiellement voulu les absoudre tous par ministères. Votre discours était donc complétement en dehors de la constitution. Eh bien ! lorsque vous êtes inconstitutionnel vous même, sans le vouloir, et que votre langage, en ne soule-

vant pas les susceptibilités de vos collégues, démontre qu'ils le
sont autant que vous et au même titre, de quel droit préten-
driez-vous que les autres corps de l'état doivent être constitués
différemment du vôtre? vous ne sauriez en donner aucune bonne
raison. Les ministres sont obligés de vous suivre dans la situation
où vous vous placez : vous êtes obligés de les prendre tels qu'ils
sont; et voilà justement pourquoi chambres et ministres, ministres et chambres, vous êtes tous, les uns par les autres, également en dehors de la constitution.

Je vous dirai plus tard comment cela s'est fait. L'essentiel est
de vous en donner la démonstration : c'est ce que je vais faire
immédiatement.

Les articles de notre charte n'ont pas, comme les balivaux de
nos forêts, une existence isolée, parfaitement distincte les uns
des autres. Ils sont, au contraire, destinés à se lier ensemble et à
fonder, par un étroit mariage, le système de gouvernement qui
doit donner à cette charte le mouvement et la vie.

De même qu'il y.a, dans tout vers alexandrin, douze à treize
syllabes, de même il y a, dans tout ordre politique quelconque,
deux pouvoirs qui sont le pouvoir législatif qu'on peut appeler
indifféremment le maître, ou le souverain, en un mot celui qui
fait la loi, sous quelque forme et sous quelque dénomination
qu'il existe et le pouvoir exécutif qui fait exécuter la volonté du
souverain devenue la loi.

Ces deux pouvoirs existent également dans les gouvernements
despotiques et dans les gouvernements pondérés, avec cette différence que, dans les gouvernements despotiques, ils sont réunis
dans les mêmes mains, tandis que, dans les gouvernements pondérés, ils sont exactement définis et soigneusement séparés.

Lorsque ces pouvoirs sont séparés, ils ont, tout pouvoirs
qu'ils sont, des devoirs rigoureux à remplir, d'où naissent des
rapports nécesaires à établir.

Ainsi ils ont pour devoirs rigoureux :

Le pouvoir législatif, d'ordonner tout ce qui doit être fait, et
le pouvoir exécutif, d'exécuter tout ce qui a été ordonné et de
n'exécuter que cela, à moins d'une impérieuse nécessité, sous
peine, l'un et l'autre, de déroger à leur nature et de cesser
d'exister selon leur essence;

Le pouvoir exécutif, de rendre à l'autre le compte fidèle et complet de la manière dont ses ordres ont été exécutés, ainsi que de toutes les circonstances que cette exécution a produites, et de lui soumettre toutes les propositions dont l'utilité s'est fait sentir dans le cours de l'exécution, pour remédier aux parties défectueuses du service, ou pour y introduire les améliorations dont elles sont susceptibles;

Et finalement le pouvoir législatif, d'exiger ce compte, non seulement comme le complément nécessaire de son action passée afin de reconnaître si ses ordres ont été fidèlement exécutés et dans le même esprit qui a présidé à leur conception, mais encore comme base indispensable de ses déterminations futures ; car il est également évident, d'une part, que le pouvoir législatif serait blessé dans son essence si ses ordres n'avaient pas été exécutés dans toute leur pureté, et, d'autre part, qu'il lui serait impossible de donner rationnellement de nouveaux ordres, s'il n'avait pas une connaissance parfaite des circonstances produites par l'exécution des premiers, parce que, ne connaissant plus le véritable état des choses, il ne pourrait agir avec le discernement convenable.

C'est ainsi que l'accomplissement de ces devoirs enfante les rapports nécessaires qui doivent unir les deux pouvoirs, en faisant de l'un le complément de l'autre, sans qu'ils puissent jamais se trouver en rivalité.

Mais par l'effet de ces rapports, et au moyen de la censure dont peut être susceptible le compte que le pouvoir législatif doit recevoir du pouvoir exécutif, celui-ci perdrait son indépendance, et, devenant le subordonné de l'autre, il cesserait d'être un pouvoir. Pour obvier à cet inconvénient qui compromettrait la bonne administration de la chose publique, le pouvoir exécutif, agissant dans la plénitude de son droit, s'aggrège des ministres entre lesquels il partage ses attributions, et qu'il fait participer à son indépendance en fixant, sur leur tête, la censure que peut encourir la manière dont ils en usent.

Ainsi s'aplanit la difficulté. Le pouvoir exécutif ne cesse pas d'être un pouvoir. Il conserve son indépendance, et la transmet à ses ministres qui s'en servent, pour agir, à la charge de devenir, dès qu'ils ont agi, dépendants et subordonnés par le jugement qui sera fait de leurs actes.

La plupart de ces dispositions théoriques sont littéralement consacrées par notre charte, sous la seule différence qu'elle traite de puissances ce que nous avons appelé des pouvoirs : les autres en découlent nécessairement.

Ainsi la puissance législative s'exerce collectivement par le Roi, la Chambre des pairs et la Chambre des députés.

Au Roi seul appartient la puissance exécutive. Comme dépositaire de cette puissance, sa personne est inviolable et sacrée. Elle l'est encore, parce que ses ministres sont responsables.

Ils sont responsables pour qu'ils aient, sans inconvénient ni danger, l'entière indépendance qui leur est nécessaire pour la meilleure administration de la chose publique.

Ils rendent un compte raisonné de tous leurs actes pour que cette responsabilité ne soit pas un vain mot, et qu'elle puisse être exercée au besoin.

Les chambres exigent ce compte, premièrement pour reconnaître, dans l'intérêt de leur dignité et du service, si leurs dispositions précédentes ont été fidèlement exécutées et, en second lieu, pour se décider, dans leurs dispositions futures, selon les convictions qu'elles y puisent et qu'elles ne peuvent puiser que là.

Tel est, en théorie, le gouvernement constitutionnel qui sort naturellement du rapprochement des articles de la charte; en voici l'application.

1° A l'ouverture des chambres, chaque ministre se présente ayant en main, avec le compte raisonné de tous ses actes depuis l'époque de son compte précédent jusqu'au moment le plus rapproché possible de l'ouverture actuelle, les propositions qui découlent de ce compte.

2° Le discours de la couronne, pour l'ouverture des chambres, est l'analyse succinte de ces divers comptes et des propositions qui en résultent.

3° La session étant ouverte, les ministres déposent leurs comptes et leurs propositions sanctionnées par le Roi. Ils deviennent dépendants du pouvoir législatif pour tous les actes qui sont compris dans ces comptes, tandis qu'ils recommencent une ère nouvelle d'indépendance pour tous les actes que l'administration de la chose publique nécessitera : réalisant, par cette double nature qui s'attache à leur existence et la caractérise, tous les bienfaits du gouvernement constitutionnel.

4° Les chambres répondent, dès le lendemain, au discours de la couronne, parce que le fondement de cette réponse est de dire qu'elles examineront.

5° Et effectivement, dès qu'elles sont constituées, elles procèdent à cet examen en commençant par les comptes, puisqu'il leur est impossible d'avoir une notion exacte de la situation des affaires, ni conséquemment une opinion raisonnable quelconque, et encore moins une conviction suffisante pour se prononcer, avant d'avoir étudié et jugé ces divers comptes, non seulement en eux-mêmes, mais encore dans leurs rapports entre eux.

Voilà, Monsieur, quel est le vrai gouvernement constitutionnel appliqué. Dans cette ligne, tout est précis et positif; tout se passe forcément d'une manière raisonnable et avec la gravité qui convient aux représentants et aux affaires d'un grand peuple; il n'y a plus de divagation ni d'oiseuse déclamation possibles. Je vous défierais d'y placer vos discours des 27 janvier et 2 mars derniers. Les actes, vous les approuvez ou vous les blâmez, non plus d'une manière vague et générale, qui ne dit rien à la raison et qui ne parle qu'aux passions, avec l'unique dessein de les irriter; mais en disant lequel, puisque tous sont sous vos yeux. Les propositions, vous les adoptez ou vous les rejetez, non plus par des motifs arbitrairement puisés dans vos caprices ou dans vos sensations; mais par des arguments tirés de l'état réel des choses, qu'il ne vous est plus permis d'ignorer, puisque vous en avez le tableau sous les yeux. — Et si les ministres ont péché contre le raisonnement en ne soumettant pas des propositions résultant de l'état des choses, vous les redressez, et vous suppléez à leurs propositions par les vôtres. Vous en agissez de même s'ils se sont abstenus pour des motifs que vous ne partagez pas.

A ces traits, qui vous dépeignent le vrai gouvernement constitutionnel, reconnaissez-vous celui que nous avons pratiqué jusqu'à ce jour? Non, sans doute. Eh bien! voilà ma démonstration faite que chambres et ministres, ministres et chambres, vous êtes tous, les uns par les autres, également en dehors de la constitution.

Mais cette démonstration, toute péremptoire qu'elle est, ne me suffit pas; et, quelque mal commode qu'il soit de manier méthodiquement, dans un cadre rétréci, des questions de cette étendue et de cette importance, je veux vous dire la principale cause de cette inconstitutionnalité, et joindre à cet exposé celui des effets que cette cause a produits.

CAUSE DE L'INCONSTITUTIONNALITÉ DES CORPS POLITIQUES.

Les devoirs des corps politiques, dont je viens de vous entretenir, et les rapports qui doivent exister entre ces corps aboutissent tous, sans exception, aux comptes que les ministres doivent rendre de leurs actes, ou s'y incorporent de telle sorte qu'il faut tenir, pour un principe fondamental, que ces comptes sont le pivot ou la cheville ouvrière du gouvernement représentatif, de même que la responsabilité ministérielle est l'âme de ce gouvernement.

Longtemps les ministres ont complétement négligé cette partie de leurs devoirs, et, plus tard, ils ne l'ont qu'imparfaitement remplie.

1° Depuis le commencement de la révolution jusqu'en 1808, il n'y a pas eu de compte raisonnable possible, parce que la comptabilité de tous les ministères était dans un désordre inextricable.

2° En 1808, le ministère du trésor trouva des formules de comptabilité solides, et les imposa successivement à ses agents de l'extérieur; mais quand il fallut appliquer celles qui concernaient l'administration centrale, il les écarta, afin de rester maître d'insérer ce qu'il voudrait, tant dans les comptes publics que dans les états mensuels qu'il présentait à l'empereur, en conseil de ministres, le 15 de chaque mois; ce qui a duré pendant tout le reste du régime impérial (1).

3° Dans les premiers temps de la restauration, les comptes publics ont renfermé toutes les sornettes qu'il a plu à leurs ré-

(1) Le ministre de ce temps-là vit encore. Quoique ma proposition soit gravement accentuée, je ne crains pas qu'il la conteste, et encore moins qu'il la démente.

dacteurs d'y insérer (2). Cet état de choses a duré jusqu'en 1818, époque à laquelle la critique de ces comptes fut faite, et leur inexactitude fut démontrée en dévoilant, avec trop de ménagement sans doute, une partie des erreurs qu'ils contenaient.

4° En 1819, l'éveil que la critique de l'année précédente avait donné, fit regarder de plus près aux comptes qu'on allait publier. Sept éditions, imprimées à l'Imprimerie-Royale et présentant des variantes incroyables, passèrent succecessivement à l'examen. Aucune d'elles n'ayant pu en soutenir les rigueurs, il fut convenu, par accommodement, qu'un huitième compte serait *arrangé*, et que le ministre des finances, en le présentant, déclarerait qu'il était imparfait. Cette déclaration eut lieu, devant la Chambre des députés, le 16 février 1819, et fut confirmée ensuite, dans le plus grand détail, par M. le comte Béranger, commissaire du roi (Voir le *Moniteur* du 11 mai 1819 p. 592.)

5° A la suite de sa déclaration, le ministre institua une commission à laquelle il soumit trois questions qui avaient pour objet d'améliorer les comptes publics et d'en fixer définitivement la forme ; mais ces questions demeurèrent, suivant l'usage, sans solution.

6° Enfin, depuis lors il est possible que les comptes, qui sont publiés par le ministère, aient été matériellement améliorés en ce sens qu'ils ne contiennent plus de chiffres inexacts ou erronés. Mais, à quelque degré de perfection qu'on ait pu les porter sous ce rapport, on ne parviendra jamais à leur faire tenir lieu des comptes que les ministres doivent de tous leurs actes. En effet, il tombe sous les sens que des comptes, uniquement rédigés en chiffres, ne peuvent énoncer que des actes qui aboutissent à des chiffres, mais non ceux qui n'y aboutissent pas ; et que de tels comptes, incomplets par rapport aux actes de cette dernière espèce, le sont également par rapport aux autres, en ce qu'ils font connaître seulement leur coût ou leur produit, mais non leur moralité. Or, comme un acte, séparé de la moralité dont il est l'effet ou la cause, ne peut pas être sainement jugé, il en est forcément résulté que tous ont échappé au jugement et au contrôle du souverain, les uns par l'absence et les autres par l'insuffisance de leurs renseignements.

(2) Ces rédacteurs vivent aussi : qu'ils contestent, je ne dis pas s'ils l'osent ; mais s'ils peuvent.

Ces faits établissent matériellement, et d'une manière dont personne ne sera tenté de me contester l'exactitude, que les ministres n'ont jamais rendu de compte raisonnable de leurs actes, ainsi que le leur prescrivait l'art. 148 tit. XII de la loi du 25 mars 1817, conçu en ces termes :

« Les ministres présenteront, à chaque session, les comptes « de leurs opérations pendant l'année précédente. »

Voilà la cause première, capitale et même unique de l'inconstitutionnalité de nos corps politiques ; en voici les effets.

L'absence des comptes des ministres jette la plus effroyable perturbation, non seulement dans les opérations des corps politiques, mais encore dans la plupart des branches de notre ordre social. Ne considérez pas cette proposition comme exagérée, et assurez vous bien que je ne craindrai pas d'avoir à la démontrer en toute occasion. Pour le moment, forcé de me renfermer dans un cadre circonscrit, je me borne à dire qu'elle exerce, sur la conduite de nos affaires et de nos chambres, et spécialement de la Chambre des députés, l'influence la plus funeste depuis le moment de son ouverture jusqu'à celui de sa clôture, sans interruption.

Pour vous donner cette démonstration, je choisis trois points sous lesquels j'aperçois la possibilité de ranger des explications suffisantes pour déterminer votre conviction, et je dis :

1° Que l'absence de ces comptes fait naître, au sujet de la réponse au discours de la couronne, une discussion intempestive et ridicule ;

2° Que, en affranchissant les ministres du jugement de leurs actes, elle les rend indépendants ; qu'elle prive les membres des deux chambres de tout moyen de conviction raisonnable, et qu'elle les contraint à se décider par des motifs déraisonnables ou déshonnêtes ;

5° Qu'elle s'oppose au perfectionnement de la législation ; qu'elle entretient dans nos lois les vices qui s'y sont glissés une première fois, et qu'elle introduit par là le désordre dans notre administration.

Je vais développer successivement ces trois points.

1° *De la discussion sur le discours de la couronne.*

Si l'on voyait un juge monter sur son siége avec le parti pris
de faire perdre ou gagner sa cause à l'un des plaideurs, sans examen, ou des jurés se rendre aux assises avec la résolution de faire
absoudre ou condamner tous ceux qui seraient déférés à leurs
décisions, le public, les députés en tête, frémirait d'indignation.
Les députés ont des devoirs parfaitement identiques avec ceux
des juges et des jurés. Les uns et les autres doivent examiner
pour s'instruire, et prononcer *après* s'être instruits. Il n'y a de
différence entre eux, sinon que les uns traitent d'intérêts indi-
viduels et restreints, tandis que les autres agissent sur des intérêts généraux et importants. D'où vient donc que les députés,
qui ont pour mission de juger les actes du gouvernement et de
se prononcer sur les affaires du pays d'après ce jugement, trouvent tout simple de ne pas juger : qu'ils se rendent à leur poste
avec le parti pris de blâmer ou d'approuver ces actes, sans examen, et que le public, loin de s'indigner de cette conduite, ne
s'en émeut pas plus que les députés eux-mêmes? Cela vient de
ce que le public et les députés savent très bien comment les
choses doivent se passer devant un tribunal et une cour d'assises,
mais qu'ils ne le savent pas pour ce qui concerne la Chambre des
députés. Il est impossible de trouver une autre explication à
cette anomalie, parce que l'instinct et la raison de l'homme ne
subissent pas à-la-fois deux impressions opposées.

Quoi qu'il en soit, les députés, répondant à la convocation qui
leur est faite, arrivent avec le parti pris de blâmer ou d'approuver des actes qu'ils devraient juger. Admettons ce parti pris,
puisque la raison publique ne s'en révolte pas, et quoiqu'il soit
de la dernière évidence que le public ne tolère cette conduite
que par ignorance et parce qu'il n'en comprend pas l'odieux.
Mais ensuite, comment expliquer la conduite de ces députés,
qui, dès que l'arène leur est ouverte et avant d'avoir pris,
avant même qu'on leur ait donné connaissance des affaires qu'ils
doivent juger, hommes raisonnables d'ailleurs, se mettent à
déverser à tort et à travers le blâme ou l'éloge? « C'est, direz-
« vous, la conséquence du parti pris. Nous agissons comme les
« avocats dans leurs plaidoiries. Comme eux, nous prenons

« dans les affaires ce qui favorise notre opinion, et nous laissons
« le reste. » Voilà bien l'explication ; mais elle est inadmis-
sible de tous points. D'abord, vous n'êtes pas des avocats, mais
des juges : ce qui est tout différent. Et puis, ne sentez-vous pas
tous les dangers que font courir au caractère d'honnête homme
et de loyal député, je ne dis pas seulement ce tri d'arguments,
mais encore l'usage passionné qui s'en fait et les conséquences
forcées qui s'en déduisent ? Non : il n'est point de sophisme qui
puisse légitimer une telle conduite.

Et considérez, s'il vous plaît, la multitude de désordres qui
s'en échappe comme un torrent.

Si les députés étaient des juges impartiaux, comme ils devraient l'être, les ministres n'auraient qu'à s'informer de leur
nom. Ils attendraient leur venue avec confiance, sans doute,
mais aussi avec un respect mêlé de quelque appréhension. Sachant, au contraire, qu'ils auront affaire à des hommes passionnés qui seront aveuglément leurs amis ou leurs ennemis, ils ont
bien autre chose à faire que de savoir le nom du député : c'est
l'opinion, la moralité, la fortune, et jusqu'à la famille du candidat qu'ils ont à scruter. Doit-il être leur ami ? fût-il le plus im-
propre de tous les hommes à la fonction de député, il a toutes
les qualités à leurs yeux. Doit-il être leur ennemi ? « Il faut l'éviter. » Voilà leur premier mot. Si l'entreprise est difficile, on
creuse plus profondément, afin de proportionner la résistance
au danger. Le candidat a-t-il une opinion prononcée, mais une
moralité incertaine, une fortune médiocre et une famille nom-
breuse ? les manœuvres électorales suffiront contre lui, parce
que, s'il est élu, on le reverra plus tard. Mais s'il est, au contraire, inflexible et riche, c'est alors que tous les moyens seront
mis en jeu pour l'écarter. « C'est une infamie ! » direz-vous.
Oui, sans doute, c'est une infamie et même une très grande ! Et
cependant, qui pouvez-vous en accuser ? Personne ; et les ministres moins encore que tout autre, car ils ne font que se défendre
d'un ennemi. Or, en légitime défense, tous les moyens sont permis ; et, dans l'espèce, ils le sont d'autant plus que les ministres combattent moins pour eux que pour le ministère dont le
dépôt leur est confié, et qu'ils combattent, non des ennemis
personnels, mais des ennemis de l'ordre existant : ce qui, dans

le langage des partis, se traduit aisément en ennemis de la chose publique.

De la partialité des députés sort donc, en première ligne, le désordre des élections. Parmi les nombreuses circonstances qui constituent ce désordre ou qui en découlent, il n'en est pas une qui ne soit sévèrement répréhensible aux yeux de la morale et de la raison. Vous connaissez, par leur visage, les auteurs de chacune de ces circonstances : eh bien! adressez-leur des reproches, si vous le pouvez ; j'allais presque dire si vous l'osez. Les ministres ont-ils tort de se défendre d'un ennemi? Non, sans doute. Les députés ont-ils tort d'être passionnés? Absolument, oui ; mais relativement, non, car c'est en vue de leurs passions et par rapport à elles qu'ils ont été élus. Et les électeurs ont-ils tort de se diriger par leurs passions? Absolument, oui ; mais relativement, non, car jamais on ne leur a dit : bien plus, jamais on ne leur a même laissé soupçonner qu'ils dussent se conduire différemment, et surtout par leur raison. Fut-il jamais situation plus étrange? et à la considérer par la malignité de ses résultats, en fut-il jamais de plus déplorable? C'est comme si l'on disait : « Un crime a été commis : voilà le corps du délit. C'est un ca- « davre horriblement mutilé ; mais personne n'est coupable de « ce meurtre évident : il n'y a point de meurtrier. »

Mais ce n'est pas tout.

Les députés ne sont pas plus tôt réunis qu'ils forment deux camps. Les amis des ministres sont dans l'un, leurs ennemis dans l'autre ; leurs juges ne sont nulle part : ils sont absents. Au nombre des affaires dont les ministres auraient à les entretenir, il en est d'épineuses qui réclameraient toutes les facultés d'un homme impartial, mais qui ne feraient qu'irriter un ennemi. Doivent-ils parler de ces affaires? Absolument, oui ; mais relativement, non. Dans quel code avez-vous trouvé l'obligation de fournir des armes à ses ennemis? Eh bien! vous venez de voir les membres de l'opposition ériger en principe la mauvaise foi en triant leurs arguments : voici maintenant ceux du ministère érigeant en principe la dissimulation, avec ses conséquences inévitables, qui sont la ruse et le mensonge. Les premiers n'avaient ni excuse ni prétexte pour en agir de la sorte : ceux-ci, du moins, ont pour prétexte, et tout à la fois pour excuse, la tranquillité et le bien de l'État; car vous ne pouvez nier que, soulever certaines questions devant des hommes passionnés qui ne voudraient que les envenimer, sans chercher à les éclaircir, ce serait mettre infailliblement tout le pays en feu.

Ainsi, les actes les plus répréhensibles ont lieu, sans que personne puisse en être raisonnablement accusé; les passions les plus ignobles du cœur humain prennent leur rang dans nos affaires et se légitiment en quelque sorte sans avoir à craindre la moindre flétrissure; et tout cela résulte directement ou indirectement de la partialité des députés. Que peut devenir, je vous le demande, dans cet inextricable chaos, cette frêle machine qu'on appelle la raison humaine? Des philosophes moroses ont crié à la démoralisation. Ah! qu'ils se félicitent plutôt qu'il reste encore, après de si rudes épreuves, quelque idée du juste et de l'injuste, et qu'on puisse circuler dans nos cités, en plein midi, avec quelque sécurité!

Avais-je tort quand je vous disais tout-à-l'heure que l'absence des comptes des ministres jetait la plus effroyable perturbation dans la plupart des branches de notre ordre social? Voyez-vous maintenant comme quoi toutes souffrent à-la-fois par les atteintes qui sont portées à la morale et à la raison? Tantôt, j'en ai accusé l'absence des comptes des ministres : ici, j'en accuse la partialité des députés; mais tout cela, c'est la même chose, parce que l'une et l'autre sont effet et cause tour-à-tour, sans qu'il soit possible de leur assigner une fonction absolue.

Des égarements si nombreux, et dont les esprits les plus élevés ne parviennent pas même à s'affranchir, peuvent bien s'expliquer par *notre ignorance politique à tous*, qui est, s'il vous en souvient, le thème de mon choix. Mais ensuite, comment expliquer que les effets de cette ignorance, qui sont si variés, aillent tous, sans exception, aboutir à une même fin qui est de compliquer, d'aggraver, d'envenimer une situation qui est déjà si complexe. Il y a nécessairement là une cause grave. Eh bien! en fouillant le cœur humain jusques dans ses replis, on parvient à trouver cette cause, qui est occulte, mais agissante, ignorée, mais puissante.

Les affaires ne vont jamais comme chacun de nous voudrait qu'elles allassent. Pourquoi? parce que chacun de nous voudrait qu'elles allassent exactement de la manière qu'il le conçoit. Or cela n'est pas possible parce que nul n'a son parfait Sosie dans ce monde. Le travers, dont je parle, est inné dans le cœur de l'homme. Ceux qui ont beaucoup travaillé sur les choses et médité sur les personnes, le connaissent et font tous leurs efforts pour l'éviter. Ceux-là sont indulgents pour les modes d'exécution. Ils laissent volontiers à celui qui est chargé de faire une chose, le choix du mode par lequel il conçoit qu'il pourra l'accomplir, et réservent toute leur sévérité pour le fond de la chose. Les autres, au contraire, sont inexorables pour la forme comme pour le fond, sans s'apercevoir que le lendemain, s'ils étaient chargés de cette même affaire ou de toute autre, leurs pareils seraient aussi inexorables envers eux qu'ils l'avaient été eux-mêmes envers leurs prédécesseurs. Ce travers s'applique à toutes les affaires humaines. Il fait beaucoup de mal dans les relations privées, et il en fait aussi beaucoup dans les affaires publiques, où il crée un mécontentement vague qui n'a aucune consistance en lui-même, mais qui en acquiert une immense par le grand nombre des personnes qui le partagent. Nul autre rapport que ce vague mécontentement n'existe entre ces personnes. Demandez leur en le motif, vous n'en trouverez pas deux qui en donneront le même ; et néanmoins ces personnes marcheront ensemble et feront cause commune, jusqu'à ce que l'une d'elles, faisant prévaloir son mécontentement, celui de toutes les autres puisse se reporter sur celle-là.

Dans cette situation, les esprits s'agitent ; les uns s'irritent, les autres s'affligent : tous travaillent. Si les comptes des ministres étaient ce qu'ils doivent être, tout ce travail aurait lieu sur les *faits*, au grand avantage de l'État, tandis qu'il se porte sur les *idées*, à son grand détriment. On leur donne l'essor : on les laisse aller, en les suivant d'un pas incertain ; mais enfin on les suit. Quand on veut revenir en arrière, trouvant ces idées dressées devant soi, loin de les étouffer ou même de les épurer, on se contente de les écarter, et l'on passe. A quelque temps de là, reprenant sa méditation, on retrouve ses idées de la méditation précédente. On les a laissées grêles et fragiles : on les retrouve fortifiées et mûries par ce travail intérieur qu'il est donné à l'homme de subir, mais non de définir ; et, les reconnaissant, on leur sourit on les accueille et on finit par les adopter. C'est ainsi, Monsieur, que vous avez conçu que le gouvernement de juillet, *étant né de l'explosion d'une idée libérale, devait avoir pour principe une sage et croissante démocratie :* ce qui n'est pas fort exact même en logique.

J'ai fait, sans le vouloir, le portrait de l'opposition. Voilà bien comment elle naît et comment elle vit par l'idéologie ; mais voilà surtout comment s'alimente cette discussion, toujours renouvelée sur l'adresse, par des discours sans consistance réelle et dans lesquels, à défaut de vérités solides, il faut nécessairement employer des mots qui fassent de l'effet, et c'est ainsi que vous avez été conduit à parler des principes *successivement violés ou artificieusement dérobés.*

Eh bien ! Monsieur, la faute en est moins à vous et aux hommes généreux qui suivent votre marche, qu'elle ne tient aux circonstances dans lesquelles vous êtes enlacés. Les ministres pouvaient et devaient vous fournir le moyen de vous en dégager. Par le compte de leurs actes, ils vous plaçaient dans le positif des affaires; en ne vous le rendant pas, ils vous lancent dans les espaces de l'idéal. Ils en appellent à votre jugement, et ils vous dénient les moyens de vous éclairer. Ils doivent dissiper vos incertitudes, et l'on dirait qu'ils se plaisent à les accroître par leurs réticences.

Vous pouvez maintenant apprécier aussi bien que moi ce qu'il y a d'excusable ou de répréhensible dans leur conduite ; je vous en laisse le soin.

Mais quelque soit le jugement que vous en portiez pour le passé, il faut, pour l'avenir, sortir de ce labyrinthe sans issue, non par des innovations dangereuses, non en changeant un hasard contre un autre, mais par le moyen tout simple dont vous vous serviriez pour sortir d'un labyrinthe véritable. Que feriez-vous pour cela? vous vous orienteriez et vous marcheriez en droite ligne sur le point que vous auriez choisi : faites-en de même dans ce cas-ci. Il n'est pas de point mieux résolu par notre charte que l'obligation qui en résulte pour les ministres de rendre compte de leurs actes. Demandez que ce compte vous soit rendu dès la session prochaine. Ne craignez pas de contradiction sur ce point. Ceux qui pourraient en faire, ce sont les commis grands et petits des bureaux ministériels, par la fausse idée, dont ils ne tarderont pas à revenir, que leur quiétude et leur toute puissance pourraient en être diminuées; mais ils n'ont pas voix en chapitre, et d'ailleurs ils n'ont pas une objection raisonnable à faire : *pas une seule, entendez-vous !* Soyez-en bien convaincu. Quant aux ministres, n'en doutez pas, ils vous seconderont ; car ils sentiront aussi bien que vous, que le repos du pays et le leur sont à ce prix.

Cette demande étant accueillie, examinons ce qui en résultera. Supposons que les ministres, à l'ouverture de la session prochaine, abordent les chambres en leur disant :

« Messieurs, voilà nos comptes. Précédemment ils étaient in-
« complets en ce qu'ils n'étaient rédigés qu'en chiffres, et ils
« étaient sans intérêt actuel parce qu'ils se rapportaient à deux
« ou trois ans en arrière. Ceux-ci ne sont point tels. Ils contien-
« nent toutes nos opérations depuis votre convocation précédente
« jusqu'à deux mois avant celle-ci, parce que ce délai nous a été
« indispensable pour en réunir et coordonner les matériaux. Ils
« s'appliquent conséquemment au moment actuel. Chaque opé-
« ration y est portée succinctement, mais avec assez de dévelop-
« pement pour que vous puissiez la juger. Si cependant d'autres
« explications vous sont nécessaires, nous nous empresserons
« de vous les donner. Veuillez donc examiner ces comptes et
« juger notre conduite en les jugeant. »

Y aurait-il un pair ou un député, quelque passionné qu'il fut qui se permettrait de dire : Je ne veux pas examiner votre « compte, mais, sans l'examiner, je blâme ou j'approuve votre « conduite ? » Non, sans doute, il n'y en aurait pas un seul qui se respectât assez peu pour commettre une telle absurdité. Tous au contraire pousseraient en chœur ce cri raisonnable : « *Nous « examinerons,* » et si l'un d'eux ajoutait « *avec le désir et l'es- poir de n'y trouver matière qu'à approbation,* » il n'y en aurait pas un seul qui osât protester contre cette courtoisie : que dis-je courtoisie ! Contre cette obligation, commune à tous les habitants d'un pays sans exception, d'être affectueux et bienveillants pour les dépositaires du pouvoir qui sacrifient leur temps et leurs veilles, leur repos et leur santé pour l'intérêt et le bien-être de tous.

Eh bien ! Cette discussion irrationnelle, absurde, inconstitu- tionnelle même, qui se renouvelle tous les ans au sujet de la ré-

ponse au discours, de la couronne , qui dure pendant un mois entier , et qui tient en suspens les esprits les plus sages , tandis qu'elle inquiète ou qu'elle irrite tous les autres ; la voilà évitée : et , à la place de la commotion que reçoivent les esprits , au préjudice du pouvoir conservateur de la société , et au détriment de la considération due aux hommes dépositaires de ce pouvoir , voilà que nous obtenons pour ceux-ci des témoignages d'affection et de bienveillance. Vous conviendrez que , pour une simple formalité , mais aussi pour quelle formalité ! c'est obtenir un changement bien remarquable.

Mais prenez la peine de regarder un peu plus loin , et vous verrez également disparaître bien d'autres monstruosités. D'abord cette discussion qui a lieu tous les ans sur le budget , c'est-à-dire sur l'avenir dont tous peuvent apprécier , mais dont nul ne peut préciser les effets ; discussion qui dure trois ou quatre mois et qui termine ordinairement les sessions d'une manière aussi peu rationnelle qu'elles commencent par votre discussion sur l'adresse ; et en second lieu, cette kyrielle de crédits extraordinaires , supplémentaires ou complémentaires sous laquelle on achève d'abrutir la raison des Chambres.

Mais où donc auront lieu toutes ces discussions sérieuses ou passionnées qui sont l'accompagnement des gouvernements représentatifs? où ? à leur place véritable, dans les champs du positif et non dans les limbes de l'idéal , en un mot sur les comptes. Voilà votre domaine. Là, vous pouvez louer et blâmer, critiquer et condamner dignement et tout à votre aise. Là, les armes seront égales. Les ministres, s'ils ont bien géré, pourront le démontrer sans crainte de voir le mérite de leur gestion atténué par d'injustes insinuations. De même l'opposition, si les actes des ministres prêtent à la censure, pourra les critiquer sans crainte de voir l'effet de ses observations escamoté par des boules complaisantes. Cette sécurité commune résultera du jugement du public parce que tout le monde est juge compétent d'un fait, mais non d'une théorie ou d'une idée. Au reste, tel est le devoir des députés et tel est aussi le droit que la constitution leur attribue ; car, au moyen de la responsabilité qu'elle prononce, elle donne, en fait d'administration, au pouvoir exécutif, le présent et l'avenir, et au pouvoir législatif, le passé.

Les comptes étant ainsi rigoureusement examinés et jugés, il n'y a plus, vous le voyez bien, de discussion possible pour le budget. Les circonstances sont-elles les mêmes que l'année précédente, et les opérations de cette période ont-elles reçu votre approbation ? vous n'avez plus que ces mots à dire : « *Faites pour l'an prochain comme vous avez fait pour l'an dernier !* » et voilà votre budget arrêté.

Et si vous prévoyez des circonstances susceptibles d'influer sur l'avenir, ou si l'on vous soumet la possibilité de ces circonstances, recueillez bien votre attention. Si vous pouvez dominer ces circonstances et les régler en législateur, c'est-à-dire *par vos prescriptions*, faites-le si cela vous paraît nécessaire et convenable. mais si vous ne pouvez pas donner des ordres, gardez-vous de donner des conseils lors même qu'ils vous seraient demandés, comme on ne l'a fait que trop souvent. En les donnant, vous enchaîneriez votre jugement, et, assumant sur vous une responsabilité qui ne vous appartient pas, vous altéreriez les garanties de notre gouvernement. L'action appartient au pouvoir exécutif ; qu'il agisse. Pour vous, qui avez le droit de juger ses actes, réservez-vous ce droit, sans l'altérer.

2° *De l'indépendance des ministres.*

Je viens de vous dire que le travail principal de la Chambre des députés devait porter sur les comptes des ministres et que, ce travail étant bien fait, celui du budget se réduisait à presque rien. C'est comme si je vous avais dit que la vérification des comptes devait occuper trois *mois*, et le réglement du budget trois *heures*. Eh bien ! c'est justement le contraire que la Chambre des députés pratique depuis longtemps. Elle bâcle les comptes en trois *heures* et discute le budget pendant trois *mois*. Vous savez maintenant, tout aussi bien que moi, combien cette marche est erronée : il me reste à vous expliquer comment elle s'est établie.

Il s'en faut que la Chambre des députés ait toujours professé la même indifférence pour les comptes des ministres. A l'origine du gouvernement représentatif, que je ne fais remonter qu'à 1814 quoique le gouvernement de la France eût reçu longtemps avant cette dénomination, les députés étaient bien novices dans l'accomplissement de leurs attributions. Le désordre des cent jours et l'occupation étrangère qui le suivit, étaient peu propres à favoriser leur éducation constitutionnelle. Néanmoins, à peine furent-ils délivrés des plus grands embarras de cette triste époque, que leur attention se porta immédiatement sur les comptes des ministres. L'art. 148 de la loi du 25 mars 1817, qui prit naissance dans leur assemblée, fait foi de la judicieuse importance qu'ils attachaient à ce document. Mais cet article de loi fut comme le jalon que le voyageur plante dans un désert où il ne doit pas revenir.

En 1818, les ministres n'exécutèrent pas les prescriptions de la loi. On le leur reprocha dans un écrit qui fit une profonde sensation, et qui eut pour effet d'amener le ministre des finances, en 1819, à déclarer que ses comptes n'étaient pas exacts.

Cet aveu, si pénible à faire pour un ministre, avait paru à des amis sincères de leur pays, une garantie suffisante d'un meilleur avenir. La chambre, qui devait fortifier cette garantie par ses travaux, la rendit vaine par son ignorance.

M. le commissaire du roi, renchérissant sur la déclaration du ministre, dit qu'il n'y avait rien d'exact dans les comptes, ni point de départ, ni opérations intermédiaires, ni résultats, et une personne de ma connaissance aurait pu ajouter que, avec les chiffres de l'invention des autres, il y en avait de sa propre invention qu'elle y avait intercallés pour faire disparaître de choquantes contradictions. Quel usage pouvait-on faire raisonnablement de tels comptes? aucun. — Il n'y avait qu'à les repousser et à prendre les mesures nécessaires pour les faire rectifier et empêcher qu'un pareil scandale se reproduisit. On n'en fit rien : on ne voulut pas même surseoir à leur jugement, ainsi que M. Ganilh le proposait, en offrant d'allouer les crédits demandés afin d'assurer le service.

Cette sage proposition, appuyée par Benjamin Constant, fut rejetée sur la futile observation de M. de Serre, garde des sceaux, que surseoir excédait les pouvoirs de la chambre, qui n'avait d'autre droit que d'adopter ou de ne pas adopter. On vota donc sur l'ensemble de la loi, qui fut adoptée par 182 boules blanches contre 11 noires.

Ainsi fut profané le langage de la loi, et pervertie la conscience des députés, en faisant servir l'un et l'autre à consacrer des faits évidemment faux.

Ainsi la puissance des chiffres fut brutalement foulée aux pieds et, cette profanation étant consommée, le vote systématique s'établit en maître dans la Chambre des députés de 1819.

Ainsi enfin les députés de cette chambre, qui auraient voté sur la couverture des comptes s'ils n'avaient pù voter sur les comptes eux-mêmes, furent les dignes précurseurs des trois cents.

Lorsque ce scandale fut donné au monde, les membres se disant de l'opposition, ou du moins réputés tels, occupaient le ministère, et ce fut là l'unique cause du scandale parce que, opposants et ministériels, tous votèrent d'entraînement..... admirable argument en faveur des ministères exclusivement choisis dans les chambres et surtout en faveur des *ministères parlementaires*, qui sont un rafinement des autres !

Mais ce n'est pas tout. Indépendamment de ces déplorables résultats, le vote dont il s'agit mit en évidence les dispositions de la chambre et celles du ministère sur la question des comptes. Or, cette question, comme vous l'avez vu, renferme un système politique tout entier.

En effet, l'utilité de ces comptes est-elle reconnue dans toute son étendue ? Le gouvernement constitutionnel se développe de lui-même. La chambre trouve, dans l'examen des comptes, le seul moyen qui soit en son pouvoir de se créer des convictions sur les affaires du pays et de dominer la conduite des ministres. Concentrée dans le positif des choses, elle se préserve en quelque sorte du danger d'en sortir par l'impossibilité de faire usage des idéalités qui ne sont propres qu'à égarer les esprits de la multitude. Sous ce régime, les ministres sont ce qu'ils doivent être. Ils dépendent de la chambre à raison de leurs actes qu'elle scrute et juge sévèrement. *Personnellement*, ils sont inquiets à cause de ces investigations, et cette inquiétude tourne tout entière à l'amélioration du service dont ils sont chargés ; mais *politiquement*, ils sont tranquilles parce qu'ils ne peuvent être harcelés, ni le pays agité par la divagation des esprits et le développement des passions dans la chambre. Dans cette situation, ils peuvent dédaigner les intrigues, et s'adonner aux affaires sans réserve.

Au contraire, l'utilité des comptes est-elle méconnue ou dédaignée? on n'a que les inconvénients et les dangers du gouvernement représentatif. La chambre, en répudiant son droit et son devoir de contrôler les actes du ministère, sacrifie les éléments de sa conviction. N'ayant plus de devoir certain : se dirigeant selon ses impulsions et débonnaire ou hostile au gré des vents du jour, elle se précipite dans un océan de vague et de divagation qui soulève les esprits au dehors et propage l'anarchie intellectuelle dans le pays. Sous ce régime, les ministres sont indépendants et font à peu près ce qu'ils veulent, puisque leurs actes ne doivent pas être systématiquement discutés et jugés. Mais ils rachètent ce frivole avantage par des tracasseries infinies. On ne discute pas leurs actes qu'ils pourraient justifier; mais on dénature, on envenime leurs intentions qu'ils ne peuvent défendre. Toujours inquiets sur eux-mêmes et sur la tranquillité du pays, ils ne sont sûrs de rien ni de personne. Dans cette situation, ils sont forcés de renoncer au positif des affaires et de se jeter à corps perdu dans l'intrigue qui peut seule prolonger leur fragile existence.

Entre ces deux politiques dont l'une est celle du calme, de l'ordre et du certain, et l'autre celle du trouble, du désordre et de l'incertain ou pour mieux dire du hasard, la Chambre des députés de 1819 fit son choix. Par son vote, à jamais détestable, que précédèrent trop de circonstances de sinistre présage, elle adopta la politique du désordre et du hasard. On s'y traînait depuis cinq ans en tâtonnant : on y marcha d'un pas ferme et décidé.

Ainsi, les ministres délivrés de tout contrôle devinrent indépendants, et les députés, privés de tout moyen de conviction raisonnable, furent contraints à chercher ailleurs le mobile de leurs déterminations futures.

Le trouvèrent-ils dans les passions de parti, dans la complaisance ou dans la corruption? C'est ce que je n'ai pas à examiner dans ce moment. Il me suffit de dire qu'ils ne pouvaient pas le prendre et qu'ils ne le prirent pas dans la connaissance exacte et complète de l'état des choses.

Quant aux ministres : ne s'apercevant pas que leur omnipotence est une monstruosité qui ne saurait s'allier avec leur repos et celui du pays, et qu'il n'y a d'option pour eux qu'entre leur omnipotence avec le despotisme et ses chances et leur dépendance avec le repos, ils ne se sentirent pas plus tôt dégagés de tout contrôle sérieux, qu'ils crurent avoir atteint l'apogée de leur bonheur. Dès ce moment ils ne prirent plus qu'un soin dans leurs rapports avec les chambres; ce fut de leur dissimuler, ou du moins de ne leur porter que sensiblement atténué, tout ce qui pouvait les émouvoir, afin qu'il ne survînt pas de disposition qui pût troubler l'ordre existant ou déranger les habitudes d'indépendance ou de commodité qu'ils avaient contractées. Ne pouvant s'appuyer sur des convictions dont tous les germes étaient détruits par leur fait ; ne pouvant pas non plus vanter un régime dont les mérites n'étaient avoués de personne, ils recoururent à *toutes sortes de moyens* pour maintenir un état de choses qu'ils tremblaient d'autant plus de voir attaquer, qu'ils se sentaient incapables de le changer et à plus forte raison de l'améliorer.

Les chefs de division des ministères, qui virent naître ces dispositions de bonne heure, ne demandèrent pas mieux que de s'y associer ; leur importance et leur tranquillité en dépendaient bien plus encore que celles du ministre. Maîtres par l'inexpérience ou l'inaptitude de leur supérieur de diriger les affaires à leur gré, ils respectèrent ses scrupules et se concentrèrent dans leurs divisions dont ils s'évertuèrent, à force de grimoires, de paperasses et de formalités, à rendre les abords impénétrables.

Cette tactique passa des ministères les plus compliqués aux plus simples ; on ne proposa plus que les mesures qu'il fut indispensable de présenter. Toute amélioration, qui ne fut réclamée que par la justice ou le bon ordre, fut soigneusement écartée. Les vices restèrent dans les lois ; les chefs de division se chargèrent de les pallier en embrouillant l'administration, et pendant ce temps le ministre, qui faisait consister tout son ministère à distribuer les faveurs administratives et les emplois qui devenaient vacants ou qu'il parvenait à rendre disponibles, consumait ses veilles et son génie à ces distributions qui le payaient de ses soins par les votes qu'elles lui procuraient.

Tant d'erreurs et de griefs pouvaient exciter quelque homme

généreux à les divulguer et à les flétrir ; mais d'avance sa voix était frappée d'impuissance. La corruption avait gagné les esprits; ils étaient dans la confusion. Des formules précises, en harmonie avec l'ignorance des uns, la paresse des autres et l'orgueil de tous, s'étaient établies non seulement pour faire excuser, mais encore pour préconiser une marche aussi désastreuse.

Ainsi, dans le monde, il était reconnu que nul n'était indispensable pour une place quelconque : ce qui voulait dire que tous pouvaient également l'occuper ; dans les bureaux ministériels, ceux qui proposaient une amélioration ou même un redressement étaient éconduits et traités de brouillons ou tout au moins de faiseurs ; et dans les chambres législatives, l'homme qui connaissait une partie, c'est-à-dire qui savait positivement quelque chose, n'était qu'un homme spécial, tandis que celui qui, ne sachant positivement rien, raisonnait cependant de tout à tort et à travers, était honoré du titre d'homme politique.

Et comme, dans les chambres ainsi que dans le monde, les hommes politiques, c'est-à-dire ceux qui ne savent rien de la chose publique si ce n'est d'en discourir à l'aventure, sont en immense majorité, tandis que les hommes spéciaux, c'est-à-dire ceux qui savent quelque chose dans cette matière, sont très clair-semés, l'usage avait consacré que les ministres seraient toujours choisis parmi les hommes politiques des chambres législatives.

Ainsi l'ignorance de nos ministres et les fatales conséquences qu'elle entraîne, se trouvaient en quelque sorte légitimées par des formules que l'usage avait accréditées et que le public avait accueillies comme des axiômes.

Mais ces formules, qui ne tournaient qu'à la satisfaction de l'orgueil et de l'ambition, sans fournir aucune lumière à la raison, loin de prévenir la divagation des esprits, ne servirent, au contraire, qu'à l'augmenter.

Effrayés à bon droit par les rapides progrès de cette divagation qui était leur ouvrage, les gouvernants, que l'inconcevable complaisance du vote de 1849 avait aveuglés au point de leur faire croire qu'il en serait toujours de même, voyant cette illusion détruite, tombèrent dans une erreur des plus grossières. Ils se persuadèrent que cette complaisance pouvait s'acquérir, être

organisée et devenir permanente , sans tenir compte des difficultés de la réaliser ni s'apercevoir que les lois , qui sortiraient
de cette source impure, incessamment combattues par l'opposition,
et faiblement défendues par ceux là même qui les auraient votées,
parce qu'ils auraient agi sans conviction, conserveraient à per-
pétuité le cachet de leur origine; qu'elles n'obtiendraient jamais le respect qui fait leur force , et qu'elles ne serviraient le
plus souvent qu'à compliquer les difficultés qu'elles devaient
aplanir.

Ce fut ainsi que naquit le double vote, en 1820 ; que les
fraudes succédèrent aux manœuvres électorales et qu'on en vint
enfin à la corruption. Par l'application de ces divers expédients ,
on obtint les trois cents , véritable mécanique toujours prête à
donner son concours de la manière qu'on le lui demandait.

Mais ces trois cents , par une réaction naturelle et inévitable,
produisirent les deux cent-vingt-un , qui , fidèles à la loi de leur
création , produisirent , en refusant leur concours..... des catas-
trophes.... Terrible , mais inévitable résultat du contre-sens que
consacrent, dans un gouvernement représentatif, l'indépendance
des ministres et l'absence de toute conviction chez ceux qui
délibèrent !

5° *Des vices de la législation.*

Le compte-rendu de l'exécution de la loi est, pour le législateur,
une occasion naturelle de réviser les dispositions qu'elle prescrit,
et d'affermir son jugement sur le maintien des unes et l'amende-
ment des autres. Cette marche est d'autant plus nécessaire à
suivre par des hommes, que Dieu même s'y est soumis dans ses
œuvres. En effet :

« Dieu dit que la lumière soit faite, et la lumière fut faite. »

« Dieu vit que la lumière était bonne, et il sépara la lumière
« d'avec les ténèbres. » (*Genèse*, ch. Ier.)

La leçon, si clairement tracée par ce double temps marqué
dans l'œuvre de Dieu pour l'action et pour le jugement de l'action après qu'elle est produite, a été complétement stérile pour

nous. **Plus** puissants que Dieu même, les législateurs français s'en sont toujours tenus à leurs premières inspirations. Ils ont fait des lois, puis des lois et toujours des lois, et ne les ont plus revues. Le plus simple bon sens indiquait cependant que le premier mot des ministres aux chambres devait être pour leur dire : « Vous nous avez donné telle loi l'an dernier; nous l'avons « mise à exécution, et il en est ressorti tel avantage ou tel in- « convénient; vérifiez cette assertion par vos renseignements « personnels, vous tous qui venez de tous les points du « royaume. » Mais, que le tort en soit aux ministres qui ont négligé de donner ces explications, ou aux législateurs qui ont manqué de les exiger, il n'en est pas moins constant que les lois n'ont jamais été soumises à une révision systématique, ni conséquemment corrigées. Et si la loi a retiré de cette manière d'agir une apparence d'infaillibilité qu'elle était loin de mériter, en revanche il en est résulté qu'elle a conservé dans son sein tous les vices qui ont pu s'y glisser une première fois.

Mais si la loi n'a jamais été corrigée, il faut se garder d'en conclure qu'elle ait été exempte de vices. Comment a-t-on donc fait quand elle en a présenté? Le voici. Dès que la mise à exécution dévoilait leur existence, rien n'était négligé pour les pallier. Si ces vices étaient de nature à céder à l'interprétation, l'ordonnance torturait la loi; s'ils persistaient, le réglement commentait l'ordonnance ; s'ils persistaient encore, l'instruction ministérielle rectifiait le réglement, et finalement, dans l'exécution, on avait pour ressource dernière de rectifier l'instruction par la correspondance administrative et celle-ci par le mode d'application (1). Et quand les vices étaient de nature à ne pas céder à tous ces expédients, on recourait enfin à une disposition législative qui était devenue indispensable.

On pourrait croire qu'on profitait de cette occasion pour exposer franchement toutes les défectuosités qu'on avait reconnues dans la loi, et pour remédier à toutes ensemble; mais on serait dans l'erreur. Les bureaux ministériels ne veulent recourir

(1) Ainsi s'expliquent les difficultés qui se sont élevées naguère au sujet du recensement, et qui pourraient bien se renouveler sur d'autres points, s'ils étaient approfondis.

Ainsi s'explique l'abus que M. Dujarrier vient de signaler dans la conduite de l'administration des postes.

qu'à la dernière extrémité à ces chambres si commodes, et qu'ils trouvent pourtant si importunes. Ils se borneront donc à leur faire demander tout juste la disposition qui sera nécessaire pour lever l'obstacle qu'ils n'auront pu franchir; mais, du reste, on leur cachera soigneusement toutes les autres difficultés qu'on aura rencontrées; et, de leur côté, elles n'en demanderont pas davantage. De cette manière, la loi vicieuse sera réparée, en partie, par les procédés dont il vient d'être parlé. Elle trouvera son commentaire dans la loi nouvelle et dans l'ordonnance, dans le réglement et dans l'instruction, dans la correspondance administrative et dans le mode d'application, et elle ne trouvera ce commentaire complet que dans la réunion de tous ces documents. Heureux encore, les pauvres administrés, si, pour le trouver, il ne faut qu'ils compulsent et mettent d'accord plusieurs ordonnances, plusieurs réglements et plusieurs instructions, comme il leur faut compulser plusieurs lois et les mettre d'accord.

Et de là sortent,

Une bureaucratie obscure et ténébreuse qui retient l'administration dans un dédale impénétrable, et qui régente souverainement le pays sous le nom des ministres qu'on lui superpose et qu'elle domine de la manière la plus absolue;

Une législation éparpillée dans une multitude de lois incohérentes;

Des lois, pêle-mêle entassées sur des lois, que personne ne connaît, et que conséquemment personne n'aime; arsenal toujours ouvert à la fraude et à l'injustice; danger toujours imminent pour la bonne foi.

Et la loi, n'étant pas le résultat d'une conviction forte acquise par l'examen rigoureusement approfondi d'un état de choses envisagé dans tous ses rapports, et ne devant être suivie d'aucune recherche sur les effets de son application, a pu être produite par des inspirations instantanées. Il n'a fallu, ni pour sa formation, ni pour son exécution, cette contention d'esprit, cette application soutenue dont si peu d'hommes sont capables; et de là chacun s'est cru propre à être législateur.

Ainsi le cercle d'erreurs et de misères que nous venons de parcourir se referme de lui-même au point de son ouverture.

Nulle condition de capacité n'ayant été imposée pour faire la loi, l'insuffisance de ceux qui l'ont faite a légitimé toutes les ambitions, et tous se sont crus capables de la faire.

CONCLUSION.

Les choses en étaient à ce point lorsque le gouvernement de juillet fut établi. Il était de son devoir sans doute d'y remédier ; mais à-t-il pu remplir ce devoir ? Voilà toute la question. S'il l'a pu et qu'il ne l'ait point fait , il aura tort. Examinons.

Un trône est renversé dans trois jours au cri de *vive la Charte*. Les vainqueurs fondent le gouvernement de juillet , et le lendemain , sous prétexte de perfectionner cette charte au nom de laquelle ils ont combattu et triomphé, ils se prennent à la réviser. N'ayant jamais pratiqué d'autre principe que celui de la réaction, lequel est par rapport aux choses , ce qu'est la contradiction par rapport aux paroles , ils en font une ample application sur elle. Ils en retranchent des articles raisonnables ; ils y en ajoutent d'absurdes. Ils l'ont bientôt défigurée , et si l'on ne veut qu'ils achèvent de la déchirer , il faut en quelque sorte la leur retirer des mains.

Indignés de cette résistance , en tête de laquelle le gouvernement qu'ils viennent de fonder est contraint de se placer , ils s'irritent contre ce gouvernement et lui font une opposition des plus violentes. Quand l'émeute n'alarme pas la cité ou n'ensanglante pas ses rues , ce sont des cris de guerre contre l'étranger qui se font entendre ou des assassins qui s'embusquent de tous côtés pour abattre la tête auguste sur laquelle reposent nos destinées. On eût dit que le génie du mal était déchaîné contre nous, et que notre ruine pouvait seule le contenter.

Est-ce dans ce moment là que le gouvernement pouvait améliorer ? personne n'oserait le prétendre ; et loin de blâmer le gouvernement sous ce rapport, tous diront au contraire qu'il a dû se défendre et se maintenir avec les moyens qu'il avait en son pouvoir. Or , quels étaient ces moyens ? précisément ceux de l'ancien gouvernement. Il n'en avait point d'autres , puisque , forcé de résister dès le lendemain de son institution , il n'a pu marcher qu'en se défendant , ni se défendre qu'en marchant.

Eh bien , de votre aveu même , cette situation a duré quatre ans pendant lesquels les vices se sont enracinés au lieu d'avoir été extirpés.

Au bout de ces quatre ans, les améliorations étaient donc plus difficiles que jamais , sans que les circonstances fussent sensiblement plus favorables pour les entreprendre. Ces circonstances ont-elles changé depuis ? vous ne sauriez le penser. Examinez ce qui se passe aujourd'hui même. Voyez les lois votées à la simple majorité ou à quelques voix de différence et prononcez.

Non ! le gouvernement de juillet , forcé de lutter depuis son institution , n'a pas eu un moment favorable pour améliorer sa marche , et l'on ne pourrait , sans injustice , l'accuser des vices qu'elle présente.

Loin de moi la pensée d'en accuser personne ; mais si le blâme devait en tomber sur quelqu'un , ce serait sans contredit sur l'opposition, dans les rangs de laquelle vous êtes allé vous placer , dont tous les membres, sans exception , sont animés du désir du bien public , je ne dirai pas à un égal degré , ce qui serait trop heureux , mais à l'envi les uns des autres , et qui , par l'effet de ce zèle outré , ne sachant positivement pas ce qu'ils veulent , et toujours prêts à renouveler , au sujet de chaque question , la scène qui se passa lors de la révision de la Charte , légitiment toutes les craintes des conservateurs , et condamnent le gouvernement à l'immobilité.

Cette conduite n'a duré que trop longtemps. Des deux côtés elle a fait naître des défiances excusables en apparence , mais injustes au fond. Il faut qu'elles cessent ; il faut que de part et d'autre nous travaillions tous à consolider nos institutions. Il le faut , car il y va du salut de ces institutions , et peut-être aussi de celui du pays.

Ces nécessités découlent principalement du malheur dont la France a été frappée en perdant un prince qui, pour l'honneur de tous , a été dignement regretté. Je subis ces nécessités tout le premier , et je m'y soumets en modifiant une résolution que je croyais immuable.

Permettez-moi de vous expliquer cette modification , et d'espérer que vous ne la désapprouverez pas , quoique les effets en aient porté sur vous.

Deux convictions résident profondément dans mon âme; l'une, que l'introduction du véritable gouvernement représentatif dans nos vieilles sociétés d'Europe , présente des difficultés presque insurmontables; et l'autre, que le pire de tous les gouvernemens est un simulacre du représentatif, à l'exception toutefois du simulacre qui se pratique eu Angleterre , et que les plus habiles gouvernans de ce pays n'implanteraient nulle autre part avec succès. Je possédais ces convictions, aussi fermement qu'aujourd'hui, lors du vote fatal de 1819 dont je vous ai entretenu. A l'apparition de ce vote , désespérant de voir jamais le vrai gouvernement représentatif s'établir dans mon pays, je quittai à l'instant même la carrière politique. Je rendis ma retraite définitive en 1820, et, pour m'enlever jusqu'à la tentation d'un retour , je brisai en 1822 les liens d'une étroite amitié qui m'unissaient à Casimir Perrier depuis plus de vingt ans. Par l'effet de cette résolution, j'ai vécu dans l'étude et la méditation. Quoique électeur et éligible jusqu'à ces derniers temps, on ne m'a revu sur la scène politique qu'un seul instant depuis 1820. Ce fut en 1831 où je parus au collége électoral, non pour y parler le langage passionné d'alors, mais pour y faire entendre quelques-unes des vérités contenues dans cet écrit. Je ne fus point compris et je me renfonçai dans ma solitude. J'ai donc vu sans étonnement, mais non sans douleur, les fautes qui ont amené les orages, et celles qui les ont suivis, ainsi que les orages eux-mêmes. Ce stoïcisme par lequel on se résigne d'avance à n'entendre que des contresens, à ne voir que des fautes, à ne relever ni les uns ni les autres, et à subir, sans mot dire, sans sourciller, leurs fâcheuses conséquences qu'on a prévues, constitue un supplice véritable. Après avoir enduré ce supplice pendant vingt-trois ans, je l'ai changé contre un autre qui est plus poignant encore, et qui consiste à dire des vérités ignorées de tous, à proclamer des principes généralement méconnus, et conséquemment à parler avec la perspective de n'être pas entendu, pas même écouté. N'importe, le devoir était là : je m'y suis soumis, et c'est ainsi que j'ai acquité ma cote part des nécessités dont je viens de vous parler.

Que chacun acquite la sienne maintenant, avec la franchise et la loyauté dont je viens de donner l'exemple ! quant à la votre , Monsieur, elle ne saurait être plus nettement tracée.

Dieu, qui protège la France, sauvera notre roi des infirmités de la vieillesse, et son successeur des égarements de la jeunesse; je l'espère, et mon espérance est d'autant plus vive, que le Roi est le seul guide que nous ayons eu depuis 1830, pour nous diriger au travers de cette politique des passions et du hasard dans laquelle nous sommes enfoncés. Mais cette espérance, à quelque degré que je l'élève, ne suffit pas à mon patriotisme, et ne doit suffire à celui de personne. *Aide-toi et le ciel t'aidera*, dit le proverbe; mettez en pratique cet enseignement de la sagesse. A l'attente des bienfaits du ciel, faites joindre la consolidation de nos institutions. Demandez, pressez, exigez que leur mouvement soit organisé de manière que, leur progrès secondant le développement de la raison publique, la nation obtienne l'un par l'autre, afin de les posséder ensemble. Voilà la tâche qui vous est dévolue.

La marche que je viens de vous indiquer, en même temps que je vous ai fait voir les inconvénients et la déraison de la marche actuelle, est essentiellement propre à vous en faciliter l'accomplissement. Adoptez donc cette marche, et, lui consacrant la puissance de votre langage, assurez-en le succès.

Il n'est pas jusqu'à votre passage dans l'opposition qui ne doive utilement concourir à ce succès. Que cherchent, que veulent les membres de cette opposition? Austères dans leurs principes, ils veulent surtout la vérité dans nos institutions. Leurs aigreurs, leurs irritations n'ont point d'autre cause que de ne pas l'y trouver. Vous leur ferez voir qu'ils l'obtiendront aisément par cette marche, et qu'ils ne peuvent l'obtenir que par elle; ils s'y associeront, et unis désormais par ce point de doctrine commune, ils sentiront le besoin de s'accorder sur les autres. Pour y parvenir, ils modifieront leurs opinions, ils assoupliront leurs esprits, et ces hommes, qui ont pu donner quelques inquiétudes à la partie paisible de la nation, deviendront, par la seule expansion de leurs sentiments généreux, le plus bel ornement de notre gouvernement représentatif.

L'appui des conservateurs ne saurait vous manquer.

Je ne vous parle pas du concours le plus important de tous, parce que celui-là vous est assuré. Le Roi n'a des ministres que pour qu'ils fassent régner le bon ordre et la paix dans son royaume, et pour qu'ils soient responsables de leurs actes. Ne fut-ce que par respect pour notre droit commun qui déclare tout mandataire responsable de ses faits, il assujétirait ses ministres à rendre un compte complet de leurs actes, afin que leur responsabilité pût avoir toute son application. A plus forte raison les y assujétira-t-il en voyant que le bon ordre et la paix de son royaume en dépendent essentiellement.

Mais pourquoi parler d'assujétissement? pensez-vous que les ministres n'aillent pas au-devant de cette condition et qu'ils balancent entre les grands avantages qu'ils en recueilleront, et les mesquines satisfactions d'amour-propre qu'ils peuvent retirer de la marche actuelle? n'en croyez rien.

Marchez donc avec confiance dans cette voie que la raison illumine, et qui aboutit sans déviation au progrès véritable. Marchez-y avec l'assurance d'y être accompagné d'un concours qui sera innombrable, s'il n'est pas unanime.

Pour moi, faible, inconnu mais sincère, je vous y suivrai avec le dévoûment d'un soldat. Je ne prévois point d'obstacles qui puissent vous arrêter; mais enfin s'il s'en élevait quelqu'un, suppléant par mon zèle à la faiblesse de mes moyens, je vous montrerai ce qu'est le dévoûment quand il s'attache à une noble cause; et si la raison n'est pas irrévocablement bannie de la terre, soyez sûr que nous triompherons de ces obstacles.

Veuillez agréer les sentiments de ma plus haute estime et de ma considération la plus distinguée.

Paris, 29 avril 1843.

MOLLARD.

RUE DES AMANDIERS-POPINCOURT, 40.

Ancien Inspecteur-Général des Finances. Auteur de l'*Histoire du système politique de la France depuis Clovis jusqu'à la Révolution de 1789.*

Se trouve chez CHARPENTIER, libraire, Palais-Royal
Galerie d'Orléans, 7.

PARIS.— IMPRIMERIE DE BLONDEAU, RUE RAMEAU, 7.